BEI GRIN MACHT SICH IHR WISSEN BEZAHLT

- Wir veröffentlichen Ihre Hausarbeit,
  Bachelor- und Masterarbeit

- Ihr eigenes eBook und Buch -
  weltweit in allen wichtigen Shops

- Verdienen Sie an jedem Verkauf

Jetzt bei www.GRIN.com hochladen und kostenlos publizieren

Bibliografische Information der Deutschen Nationalbibliothek:

Die Deutsche Bibliothek verzeichnet diese Publikation in der Deutschen National-bibliografie; detaillierte bibliografische Daten sind im Internet über http://dnb.d-nb.de/ abrufbar.

Impressum:

Copyright © 2010 GRIN Verlag, Open Publishing GmbH
Druck und Bindung: Books on Demand GmbH, Norderstedt Germany
ISBN: 9783656825319

Dieses Buch bei GRIN:

http://www.grin.com/de/e-book/145213/kaethe-paulus

Ernst Probst

Käthe Paulus

Deutschlands erste Luftschifferin und Fallschirmspringerin

GRIN Verlag

GRIN - Your knowledge has value

Der GRIN Verlag publiziert seit 1998 wissenschaftliche Arbeiten von Studenten, Hochschullehrern und anderen Akademikern als eBook und gedrucktes Buch. Die Verlagswebsite www.grin.com ist die ideale Plattform zur Veröffentlichung von Hausarbeiten, Abschlussarbeiten, wissenschaftlichen Aufsätzen, Dissertationen und Fachbüchern.

Besuchen Sie uns im Internet:

http://www.grin.com/

http://www.facebook.com/grincom

http://www.twitter.com/grin_com

Ernst Probst

Käthe Paulus

Deutschlands
erste Luftschifferin und
Fallschirmspringerin

Käthe Paulus (1868–1935)
gewidmet

Ballonfahrerin Käthe Paulus (1868–1935)
Foto: Reproduktion einer Fotomontage

Deutschlands erste Ballonfahrerin und früheste Fallschirmspringerin war Käthe Paulus (1868–1935), geborene Katharina Funk. Die Aeronautin tingelte unter dem
Künstlernamen „Miss Polly" als kühne Luftakrobatin quer
durch Europa. Ihre waghalsigen Kunststücke lösten vor allem
bei weiblichen Zuschauern große Ehrfurcht und Entsetzen
aus. Zu ihren Lebzeiten hat man alle Beteiligten an der so
genannten „Leichter als Luft-Technik", also auch Ballonfahrer,
als Luftschiffer bezeichnet.
Katharina Funk kam am 22. Dezember 1868 in dem kleinen
Dorf Zellhausen bei Seligenstadt im Kreis Offenbach am Main
zur Welt. Sie war die uneheliche Tochter der 22-jährigen Anna
Maria Funk (1846–1922) und trug deswegen den Geburts-
namen Funk ihrer Mutter. In der Literatur findet man außer
Katharina auch die Rufnamen Käte, Käthe, Kätchen Käth-
chen oder Kättche. Katharina selbst nannte sich Käte oder
Kätchen (ohne h). 1874 heiratete die Mutter den aus Beer-
felden im Odenwald stammenden Schmied Johann Wilhelm
Paulus (1848–1887). Der Stiefvater adoptierte Käthe und diese
erhielt dessen Nachnamen Paulus.
Käthe wird als hübsches und lebenslustiges Mädchen mit
dunkelblondem Lockenhaar und einem gefährlichen Hang zur
Akrobatik geschildert. Als Kind wollte sie beispielsweise einmal
auf einem über den Haushof gespannten Seil das Seiltanzen
lernen.
Um 1876 zog die in ärmlichen Verhältnissen lebende Familie
Paulus zunächst in den Vorort Oberrad von Frankfurt am Main
und später 1878 nach Frankfurt am Main selbst. Dort arbeitete
der Stiefvater von Käthe als Tagelöhner. Nach dem Besuch
der Volksschule absolvierte Käthe eine Ausbildung in einer
Werkstatt für noble Damenbekleidung. In Biografien wird

*Ballonfahrer Hermann Lattemann (1852–1894),
Zeichnung von Karl Susenbeth (geboren 1860)*

sie als Schneiderin, Näherin oder Kleidermacherin bezeichnet.

Um 1884 bis 1889 lebte die Familie Paulus in Darmstadt, wo sich der Stiefvater zum Maschinenheizer hocharbeitete. Der Stiefvater starb früh 1887, als Käthe 19 Jahre alt war. Der Tod des Stiefvaters schweißte Käthe und ihre Mutter Maria so eng zusammen, dass sie zeitlebens gemeinsam wohnten.

Aus Darmstadt zogen Mutter und Tochter irgendwann zurück nach Frankfurt am Main. Dort wechselten sie häufig ihre Wohnung. Zur Zeit der beginnenden Begeisterung von Käthe für die Luftfahrt wohnten Mutter und Tochter von 1890 bis 1895 vermutlich zur Untermiete in einer Hinterhauswohnung in der Waldschmidtstraße 58 am Zoo.

Während eines Kuraufenthaltes zusammen mit ihrer Mutter Maria in Wiesbaden sah die 20-jährige Käthe am 21. Juni 1889 erstmals den 36 Jahre alten Ballonfahrer Hermann Lattemann (1852–1894), der über dem Kurpark von seinem Ballon aus mit einem Fallschirm absprang. Käthe war begeistert von dessen Kunst und soll dem Luftakrobaten regelrecht hinterher gelaufen sein. In der Werkstatt, in der Ballone ausgebessert und die Fallschirme genäht wurden, begegnete sie Lattemann persönlich.

Einer Legende zufolge sollen sich die Beiden kennen und lieben gelernt haben, als Hermann Lattemann bei einem Fallschirmabsprung in Frankfurt am Main im Vorgarten eines Hauses notlandete, im dem Käthe mit ihrer Mutter wohnte. Als Käthe von ihrer Mutter hörte, der berühmte Ballonfahrer sei im Haus, fragte sie angeblich: „Ist er hübsch"? Der selbsternannte „Aerostateur" mit verwegenem Backenbart gefiel ihr sehr. Als Lattemann – laut Legende – Käthe fragte, ob sie mit

1663 erbautes Geburtshaus von Hermann Lattemann (1852–1894)
in Gebhardshagen
(heute ein Stadtteil von Salzgitter in Niedersachsen),
Foto: Johamar / CC-BY3.0 (via Wikimedia Commons),
lizensiert unter CreativeCommons-Lizenz by-3.0-en,
http://creativecommons.org/licenses/by/3.0/legalcode

ihm in die Luft gehen würde, antwortete sie „Sofort!" und
fügte hinzu: „Soar abspringe deet ich!"
Carl Christoph Hermann Lattemann – so sein vollständiger
Name – stammte aus Gebhardshagen (heute ein Stadtteil von
Salzgitter in Niedersachsen), wo er am 14. September 1852
geboren wurde. Sein Vater Carl Christoph Hermann Latte-
mann war Drechslermeister und ein so genannte Kothsaß.
Als Kothsaß, Kossath oder Kötter bezeichnet man den
Besitzer eines Kotten bzw. einer Kate. Ein Kothsaß besaß
nur ein kleines Haus und etwas Gartenland und verdingte sich
auf größeren Höfen als Tagelöhner oder übte eine hand-
werkliche Tätigkeit aus.
Früh begeisterte sich Hermann Lattemann für die Ballon-
fliegerei. Er ließ sich zum Luftschiffer ausbilden und trat als
Ballonflieger auf. Im Juli 1885 trat er mit seinem Miniaturballon
„Rotateur" in Frankfurt auf. Der „Rotateur war nur halb so
groß wie andere Ballone und besaß weder Gondel noch Anker,
sondern lediglich Steigbügel, in denen der Pilot stand. Der
Holzstich „Der Luftritter Lattemann" von Adalbert von Rößler
(1853–1922) von 1885 zeigt diesen „Ritt durch die Lüfte".
Lattemann entwickelte auch einen Fallschirm. Nachdem sein
Fallschirm ausgereift war, sprang er als einer der Ersten damit
vom Korb eines Ballons in die Tiefe. Laut Online-Lexikon
„Wikipedia" erfolgte sein erster öffentlicher Auftritt 1886 in
Charlottenburg (Berlin). Damals waren Veranstaltungen mit
Ballonaufstiegen eine gut bezahlte Tätigkeit.
Lattemann entwickelte seinen Fallschirm weiter und erfand
einen zusammenlegbaren Fallschirm, den er als Touristen-
fallschirm bezeichnete. Zudem konstruierte er einen Fallschirmballon. Hierfür wurde der Ballon mit einem Metallreifen
umschlossen, der ihn in zwei Hälften gliederte. Beim Aus-

Der Luftritter Lattemann. Originalzeichnung von A. von Rößler. (S. 559.)

Der Holzstich „Der Luftritter Lattemann"
von Adalbert von Rößler (1853–1922)
zeigt den „Ritt durch die Lüfte" von Hermann Lattemann
mit dem Miniaturballon „Rotateur" von 1885
in Frankfurt am Main

strömen des Gases sollte die untere Hälfte der Ballonhülle um den Reifen nach innen klappen und sich dicht an die obere Hälfte anlegen. Auf diese Weise verwandelte sich der Ballon in einen Fallschirm, an dessen unterem Rand der am Metallreifen befestigte Korb hing.

Käthe Paulus wollte unbedingt Luftschifferin an der Seite des von ihr bewunderten Hermann Lattemann werden. Ihre besorgte Mutter war davon nicht begeistert, weil sie Lattemann für einen unverbesserlichen Abenteurer und Frauenhelden hielt.

Auf Wunsch von Käthe Paulus brachte ihr Hermann Lattemann allmählich den Ballonflug und Fallschirmsprung bei. Vor dem ersehnten ersten Aufstieg musste Käthe lernen, wie man einen Ballon oder Fallschirm herstellt. Bald war Käthe unentbehrlich für Lattemann. Die gelernte Näherin hielt seine Ausrüstung in Stand und flickte die oft in Fetzen zurück kommenden Ballone und Fallschirme. Lattemann machte sie mit der Technik des Ballonflugs vertraut und unterrichtete sie in Wetterkunde.

Käthe und Hermann arbeiteten nicht nur beruflich gut zusammen, sondern waren auch privat ein Paar. Das blieb nicht ohne Folgen. Käthe brachte am 7. März 1891 in Frankfurt am Main einen unehelichen Sohn zur Welt, ohne Lattemann offiziell als Vater zu benennen. Der erste Vorname des Sohnes Willy Hermann erinnerte an seinen Großvater Wilhelm Paulus, der zweite an seinen Vater Hermann Lattemann.

Wegen Schwangerschaft und Geburt stieg Käthe zunächst weder in Begleitung, noch alleine mit dem Ballon auf. Lattemann besuchte Käthe und ihre Mutter oft in deren Wohnung und spielte dort hingebungsvoll mit seinem kleinen Sohn, der von Nachbarn spöttisch „Lattemännchen" gerufen wurde.

Spätestens ab 1891 war Hermann Lattemann in Frankfurt am Main als Berufsluftschiffer und Fallschirmspringer eine feste Institution geworden. Auf einem Gelände neben der „Elektrotechnischen Ausstellung" (heutiges Bahnhofsviertel) führte er regelmäßig Ballonflüge durch und transportierte dabei sogar Vertreter des Hochadels über der Mainmetropole.

Am 26. Mai 1891 ereignete sich bei einem Ballonflug von Hermann Lattemann in Frankfurt am Main ein Zwischenfall. Sein Ballon, der auf der „Elektrotechnischen Ausstellung" an einem Seil befestigt war und nur über dem Ausstellungsgelände fahren sollte, löst sich vom Haken, als gerade seine Passagiere aussteigen wollten. Daraufhin flog der Ballon ungesichert über der Stadt bis zur Vilbeler Landstraße/ Heiligenstock (neben dem Lohrberg). Einen Monat später schwebte Lattemann über Frankfurt am Main und sprang mit seinem Fallschirm ab. Wegen einer Drehung des Ballons geriet aber der Fallschirm an den Anker und riss auf. Deswegen fiel der Ballon merklich schneller, aber Lattemann konnte trotzdem wohlbehalten landen. Allerdings nicht – wie geplant – auf einer Wiese außerhalb der Stadt, sondern mitten im Westend auf der Arndtstraße. Am 29. August 1891 absolvierte Hermann Lattemann seinen insgesamt 500. Flug in Frankfurt am Main.

Zwei Jahre nach der Geburt ihres Sohnes sollte der erste Fallschirmsprung von Käthe Paulus über Wiesbaden stattfinden. Doch dies wurde von der Kurdirektion nicht genehmigt.

Statt in Wiesbaden ging Käthe Paulus am 19. Juli 1893 bei einem Schützenfest in Nürnberg (Bayern) zusammen mit ihrem Verlobten Hermann Lattemann und einem Passagier erstmals in die Luft. Sie musste, nachdem Lattemann abgesprungen war, den Ballon und den Passagier unversehrt zu Boden bringen. Wenn Hermann früher allein aufgestiegen und mit einem Fallschirm abgesprungen war, trieb der Ballon führerlos am Himmel, landete oft in unwegsamem Gelände und wurde dabei mehr oder minder beschädigt.

Käthe Paulus wusste im Sommer 1893 angeblich nicht viel mehr über das Ballonfahren als ihr Passagier. Weil sie nach Lattemanns Absprung vergaß, ein Ventil zu ziehen, stieg der Ballon schnell von 900 auf rund 3.500 Meter Höhe. Zunächst waren die beiden Insassen begeistert, doch dann bemerkte der Passagier, dass die Ballonhülle an mehreren Stellen einriss. Käthe befürchtete, dass der Ballon platzen könnte und zog kräftig am Ventil, wodurch das Luftgefährt beängstigend schnell sank. Die beiden warfen noch Ballast – wie Mäntel, Cognacflaschen und anderes Entbehrliche – über Bord, um den Fall abzuschwächen. Doch dies nutzte nicht viel, weil der Ballon anscheinend durch die Risse in seiner Hülle zu viel Gas verlor. Der Ballon landete unsanft in einem Hopfenfeld, wobei seine Hülle noch mehr zerfetzte. Käthe sagte hierzu: „Ich schlug mir den Schädel blutig. Aber was tat das alles gegenüber dem stolzen Bewusstsein, dass im Großen und Ganzen die Sache geklappt hatte."

Hermann Lattemann wollte Käthe in der Folgezeit erst nicht mit dem Fallschirm abspringen lassen. Doch sie beharrte darauf und wagte am 23. Juli 1893 in Elberfeld bei Wuppertal bei strömendem Regen und einer dichten Wolkendecke aus etwa 1.200 Metern Höhe ihren ersten Sprung. Bevor sie sich über den Rand des Ballonkorbs schwang und in die Tiefe sprang, sagte Lattemann mit besorgtem Gesicht zu Käthe „Jetzt ist es so weit" und flüsterte ihr die Worte „mit Gott" zu. Offenbar hatte Lattemann mehr Angst um Käthe als diese

Darstellung des Todessturzes von Hermann Lattemann (1852–1894),
Zeichnung: H. Götz, Krefeld

um sich selbst. Anfangs fühlte Käthe beim Sturz große Atemnot. Irgendwann spürte sie einen großen Rruck. Ihr erster Blick nach oben zeigte, dass sich ihr Fallschirm entfaltet hatte. Während sie langsam zum Boden sank , überkam sie ein beglückendes Gefühl der Sicherheit.

In der Folgezeit tingelten Hermann Lattemann und Käthe gemeinsam von einer Großstadt zur anderen und präsentierten dort ihre aeronautischen Kunststücke. Dabei jubelten ihnen jeweils Tausende von den Zuschauern/innen zu.

Nur ein Jahr später kam Hermann Lattemann beim dritten Sprungversuch mit seinem neuen Fallschirmballon in Krefeld ums Leben. Am 17. Juni 1894 wollten Käthe und Hermann zusam-men im Ballon aufsteigen, sie sollte abspringen und er wollte danach den Ballon in einen Fallschirm verwandeln und damit langsam zur Erde gleiten.

Am Vortag warb man mit folgenden Worten für die geplante Veranstaltung: „Sonntag bei günstiger Witterung Auffahrt des Herrn Lattemann und des Fräulein Paulus. Doppelabsturz. In derselben Minute, wo Fräulein Paulus mit dem Touristen-Fallschirm abstürzt, verwandelt sich der Drachen-Fallschirm-Ballon in einen lenkbaren Fallschirm. Dazu großes Militärkonzert. Entree fünfzig Pfennige".

Tags darauf stieg der Ballon „Fin de Siècle" mit Hermann Lattemann und Käthe Paulus in Krefeld auf und gewann rasch an Höhe. Nach etwa zehn Minuten sprang Käthe aus dem Korb ab. Wie geplant, öffnete sich ihr Fallschirm und Käthe schwebte damit zu Boden. Unmittelbar nach dem Absprung von Käthe ließ Lattemann das Gas aus dem Ballon, der sich nun in einen Lenkschirm verwandeln sollte. Doch der Ballon reagierte wegen des Windes nicht wie erhofft, sondern drehte sich zusammen und stürzte mitsamt Lattemann

Darstellung der Absturzstelle
des Ballonfahrers Hermann Lattemann (1852–1894)
in der Diesemer Straße von Krefeld,
Zeichnung: H. Götz, Krefeld

in wirbelnden Schlangenwindungen zischend mit hoher Geschwindigkeit zur Erde. Angeblich dauerte der freie Fall rund zwei Minuten. Kaum zehn Meter entfernt musste Käthe hilflos im Geschirr ihres Fallschirms hängend zusehen, wie ihr Geliebter abstürzte. Verzweifelt, aber letztlich erfolglos, versuchte Lattemann, den Ballon zum Aufblähen zu bringen. Der Ballon und Latteman schlugen auf dem Pflaster der Dießemer Straße an der Ecke Neue Linner Straße in Krefeld auf. Anwohner an der Unglücksstelle trugen den schwerverletzten Lattemann in das Haus Diesemer Straße 145, wo er starb. Dagegen landete Käthe unversehrt im Garten der Villa Schönhausen an der heutigen Uerdinger Straße. Die Nachricht über das Unglück verbreitete sich wie ein Lauffeuer in Krefeld.

Hinterher sagte Käthe: „Ich hing an meinem Schirm, ohne helfen zu können, während er in rasender Fahrt, die Hülle wie ein umgekehrter Regenschirm nachflatternd, in die Tiefe stürzte. Alles war dumpf. Als ich landete, hatten sie ihn schon tot in einer Straße von Krefeld gefunden. Es war sehr schwer."

Käthe hatte keine Erklärung dafür, wie es zu dem schrecklichen Absturz kommen konnte. Lattemann sei stets sehr sorgfältig und vorsichtig gewesen. Er habe über die Erfahrung von mehr als 600 Auffahrten mit einem Ballon verfügt. „Nie, nie mehr steige ich auf", sagte Käthe in der ersten Aufregung. Drei Tage später setzte man Hermann Lattemann auf dem evangelischen Friedhof in Krefeld bei. Zur Beerdigung kamen rund 10.000 Trauergäste. Der Luftschiffer war durch seine Flugkünste nicht reich geworden. Ein Konkursverwalter musste sich um seine hinterlassenen Ballone kümmern.

Durch Lattemanns Tod erlitt Käthe Paulus einen schweren Schock und einen Nervenzusammenbruch. Monatelang konn-

Bild auf Seite 21:

*Plakat für eine Vorstellung der Ballonfahrerin Käthe Paulus
am Sonntag, 18. Juni 1899, im „Zoologischen Garten"
in Frankfurt am Main.
Das Eintrittsfeld für den ganzen Tag betrug 50 Pfennig.
Auf dem „Fahrrad-Luftballon" war Werbung für das „Adler-Rad"
einer Frankfurter „Adler-Werke" zu lesen.
Der Korb des Ballons wurde durch ein Luftfahrrad ersetzt.
Am Nachmittag und Abend stand jeweils ein Konzert
auf dem Programm.*

Porträtfoto von Käthe Paulus (1868–1935)

te sie das Bett nicht verlassen. Tröstende und aufmunternde Briefe aus ganz Deutschland und vielen anderen Ländern Europas ermutigten sie aber, als Ballonfliegerin weiterzumachen. Käthe kaufte vier neue Ballone, mit denen sie in vielen europäischen Großstädten auftrat: London, Nizza, Wien, Amsterdam, Berlin, Budapest, Danzig, Düssel-dorf, Wiesbaden, Paris und Frankfurt am Main. Sie agierte hervorragend als ihre eigene Managerin, Pressechefin, technische Leiterin und Hauptdarstellerin und vermarktete ihre Auftritte am Himmel europaweit.

Ab 1894 ging Käthe Paulus in ihrem damaligen Wohnort Frankfurt am Main meistens vom Zoo aus regelmäßig in die Luft. Ab etwa zwei Uhr nachmittags überwachte sie höchstperönlich das Füllen des rund zwölf Meter hohen Ballons namens „Kosmos" oder „Meteor" mit Gas. Scharenweise kamen Frankfurter Bürger bei ermäßigtem Eintritt am Sonntag in den Zoo, wo Käthe oft gegen sechs Uhr abends unter dem Jubel massenhaft erschienener Zuschauer/innen mit einem Ballon aufstieg. Bald darauf sprang sie am späteren Abend mit einem Fallschirm ab und fuhr mit einer Kutsche wieder zum Frankfurter Zoo. Angeblich sprang sie gelegentlich auch am Fallschirm von der künstlichen Ruine des Aquariums. Im Juli 1895 starb der vierjährige kleine Willy Hermann Paulus an Diphterie. Käthe stürzte sich nach dem Tod ihres Sohnes in die Arbeit. Laut Online-Lexikon „Wikipedia" stieg sie insgesamt 561 Mal in einem Ballon auf und stürzte sich 147 Mal mit ihrem Fallschirm in die Tiefe. Das Interesse an ihren Auftritten war enorm: Einmal wurden fast 20.000 Eintrittskarten verkauft.

Bei ihren umjubelten Auftritten trug Käthe Paulus eine Art Fantasieuniform mit weißer Matrosenmütze, Matrosenbluse,

Paul Engelhardt beim Flug über Johannisthal bei Berlin
am 12. August 1910,
Foto: Bundesarchiv, Bild 146-1972-026-35 / Haeckel, Otto /
CC-BY-SA (via Wikimedia Commons),
lizensiert unter CreativeCommons-Lizenz by-sa-3.0-de,
http://creativecommons.org/licenses/by-sa/3.0/de/legalcode

knapper Jacke, Pluderhose, engen Lackgamaschen oder hohen, schwarzen Schnürstiefeln. So stellte man sich damals vielfach eine „Luftheldin" vor. Im normalen Leben galt eine solche Aufmachung für eine Dame eher als unschicklich. Als Künstlernamen wählte Käthe den Namen „Miss Polly". Zuweilen bezeichnete man sie auch als „Primadonna der Lüfte".

Zu ihrer Zeit galt Käthe Paulus als erfolgreichste Luftakrobatin. Am meisten Aufsehen erregte der von ihr erfundene Doppelabsturz. Bei diesem Kunststück löste sie sich zunächst vom Ballon, worauf ein erster Fallschirm aufging, von dem sie sich wiederum für einige Momente löste, bis ein zweiter Fallschirm aufging.

Immer wieder wollte Käthe Paulus bei ihren waghalsigen Auftritten ihre zahlreichen Zuschauer/innen mit Neuheiten überraschen. Statt eines Ballonkorbes verwendete sie auch ein Trapez, einen Halbmond, künstliche Tiere wie einen Vogel oder ein Fahrrad, mit dem sie Propeller bewegte. Mit ihrem so genannten „lenkbaren Fahrrad-Luftballon" machte sie im Sommer 1899 Reklame für Fahrräder der „Adler-Werke" in Frankfurt am Main. Angeblich plante sie sogar, auf einem lebenden Pferd sitzend aufzusteigen, doch die Polizei soll dies verboten haben.

Nach ihren abenteuerlichen Auftritten musste Käthe Paulus manchmal von Zuschauern aus einer Baumkrone gerettet werden. Dies war beispielsweise in Bad Homburg der Fall. Dort gelang es ihr, sich nach einem Absprung mit Fallschirm aus dem Ballon an einen starken Ast zu klammern, jedoch nicht, vom Baum herunter zu klettern, was viele Zuschauer einigermaßen belustigte. Kurz entschlossen kletterte ein Handwerker namens Heinrich Hart auf den Baum, erreichte

Gedenktafel für Käthe Paulus am Haus Gotthardstraße 105
in Berlin-Reinickendorf mit dem Hinweis:
„Käthe Paulus 1868–1935. Die erste deutsche Ballonfahrerin
und Fallschirmspringerin lebte und wirkte in der Gotthardstraße
von 1912 bis 1935".
Foto: OTFW. Berlin / CC-BY-SA3.0 (via Wikimedia Commons),
lizensiert unter CreativeCommons-Lizenz by-sa-3.0-en,
http://creativecommons.org/licenses/by-sa/3.0(legalcode

die sich energisch sträubende Käthe, nahm sie kurzerhand auf den Rücken und brachte sie auf sicheren Boden. Mitunter bekam Käthe Paulus bei ihren Auftritten auch mit der Polizei zu tun. In der ungarischen Hauptstadt Budapest etwa musste sie nach einer mehr oder weniger glücklichen Landung eine Geldstrafe für einen verbogenen Kandelaber bezahlen. In der österreichischen Hauptstadt Wien landete sie auf Eisenbahngleisen und entkam nur knapp einem herankommenden D-Zug. Man zog sie in Wien auch wegen unerlaubten Landens auf einer Hauptgeschäftsstraße zur Verantwortung. Wegen Feldfrevels auf einem Acker in Wöllstein erhielt sie ein Strafmandat. Einmal wurde Käthe aus der Nordsee gefischt, ein andermal platzte ihr Ballon. Mit Ausnahme eines Beinbruches erlitt sie bei ihren zahlreichen kühnen Auftritten keine weitere ernsthafte Verletzung.

1903 trat Käthe Paulus als „Miss Polly" wieder in Krefeld auf, wo ihr Verlobter Heinrich Lattemann 1894 bei einem Absturz sein Leben verloren hatte. Im alten „Thiergarten" an der Uerdinger Straße begleiteten Tausende von Krefeldern mit Rufen und Tusch ihren Aufstieg. Als sie bei der Landung in Bockum einen Flurschaden anrichtete, bat Käthe den Bockumer Bürgermeister, den entstandenen Schaden durch ein Feldgericht schätzen zu lassen.

Im Alter von 41 Jahren wagte Käthe Paulus einen Abstecher zum Motorflug. Sie kaufte eine Blériot-Flugmaschine und nahm Flugstunden bei dem bekannten Fluglehrer Paul Engelhardt (1868–1911). Nach dessen tödlichem Absturz am 29. September 1911 verzichtete sie auf eine weitere Ausbildung und auf die Fluglizenz. Es schien fast so, als hätte sich Käthe so sehr an das lautlose Gleiten der Ballone gewöhnt, dass sie die dröhnenden Motorgeräusche als störend empfand.

Käthe Paulus lebte bis 1912 in Frankfurt am Main. Dann übersiedelte sie mit ihrer Mutter nach Berlin. In Frankfurt am Main war Käthe bei den Einwohnern sehr populär gewesen. Ihre erwähnten sonntäglichen Ballonaufstiege vom Frankfurter Zoo aus ab 1894 galten in der Mainmetropole als große Attraktion. 1909 hatte sie bei der „Internationalen Luft-fahrtausstellung" („ILA") einen eigenen Verkaufsstand für die von ihr hergestellten Ballone und Fallschirme.

Nach dem tragischen Tod ihres Lebensgefährten Hermann Lattemann grübelte Käthe Paulus immer wieder darüber nach, wie Fallschirme sicherer und praktischer gestaltet werden könnten. Sie tüftelte jahrelang, bis sie 1913 staunenden Experten den Paketfallschirm als Lösung des Problems präsentieren konnte. Damit war ihr eine bahnbrechende Erfindung gelungen. Bis dahin hatte man den Fallschirm immer lose am Ballon befestigt. Einerseits beanspruchte dies viel Platz und andererseits wirbelte der Wind manchmal den Fallschirm durcheinander, wobei sich die Leinen verheddern konnten.

Käthe Paulus war auf den Dreh gekommen, den Fallschirm mitsamt Fangleinen in einen Verpackungssack zu verstauen, Während eines Absprungs wurde die eingehakte Zugleine aus der Umhüllung gezogen und somit konnte sich der Fallschirm entfalten. Dieser Paketfallschirm gilt heute als Standard. An die Erfinderin erinnern der nach ihr benannte „Paulus-Schirm" und der zum Öffnen erforderliche „Paulus-Haken".

Zu ihrer letzten Ballonfahrt startete Käthe Paulus als 45-Jährige am 26. Juli 1914. Kurz danach brach der Erste Weltkrieg (1914–1918) aus. Käthe übergab ihre Ballone und Fallschirme der Heeresverwaltung, an die sie sich in der Folgezeit immer wieder mit Verbesserungen für Fallschirme wandte.

Eindringlich pries Käthe Paulus dem „Preussischen Kriegsministerium" die Vorzüge ihres Paketfallschirms im Vergleich zu den damals üblichen Fallschirmen an. Aber die Heeresleitung ließ sich zunächst nicht von ihr überzeugen. Erst als zahlreiche Ballonaufklärer bei Abstürzen ihr Leben verloren, kam der Kriegsminister auf das Angebot von Käthe zurück. Damals stiegen Fesselballons über Schützengräben auf und beobachteten feindliche Linien. Bei solchen Beobachtungsflügen konnten Ballons vom Feind leicht abgeschossen werden. In einem solchen Fall blieb Soldaten nur noch wenig Zeit, um den komplizierten Fallschirm zu öffnen und nicht im Ballonkorb abzustürzen.

Ab Sommer 1916 stellte Käthe Paulus in ihrer Wohnung im Auftrag des „Preußischen Kriegsministeriums" von ihr erfundene Paketfallschirme und die dazugehörigen Hüllen her. Als die Produktion zunahm, schnitt sie den Stoff zu und ließ die Fallschirme von Heimarbeiterinnen nähen.

Nach eigenen Angaben lieferte Käthe Paulus bis Kriegsende etwa 7.000 Fallschirme und rund 1.000 Ballonhüllen. Jede Woche schnitt sie ungefähr 20.000 Meter Stoff zu. Jedes ihrer Erzeugnisse trug ihr Gütesiegel „K. P.".

Als Seide knapp wurde, wich Käthe Paulus auf andere Materialien aus. Beispielsweise bedruckten Baumwollstoff. Ihre Fallschirme retteten im April 1917 zwanzig Ballonaufklärern das Leben, als diese in der Schlacht um Verdun abgeschossen wurden. Während des Ersten Weltkrieges galt Käthe als Expertin Deutschlands und beste Ratgeberin der Ballonaufklärer-Truppen. 1917 ehrte man sie mit dem „Verdienstkreuz für Kriegshilfe".

Nach Kriegsende führte Käthe Paulus ein ruhiges und bescheidenes Leben. Ihr in Kriegsanleihen investiertes Vermögen

Deutsche Fliegerin Elly Beinhorn (1907–2007)
bei einemAufenthalt im März 1932 in Australien,
Foto (via Wikimedia Commonts), Lizenz: gemeinfrei (Public domain)

ging verloren. Infolge des verlorenen „Ersten Weltkrieges" und des „Versailler Vertrages"' kam die Luftfahrt in Deutschland zum Erliegen und brachte ihr keine Aufträge mehr ein. Zusammen mit ihrer Mutter lebte sie in einer Wohnung in Reineckendorf unweit des Flugplatzes Johannisthal bei Berlin. 1921 erhielt Käthe für die Erfindung des Pakletfallschirms ein Schweizer Patent. 1922 starb ihre Mutter, die ein ruhender Pol im hektischen Leben von Käthe gewesen war und sich offenbar nie darüber beklagt hatte. Durch die Inflation ging ihr bei Ballonfahrten erworbenes Vermögen verloren.
Als deutsche Staatsbürger wieder fliegen durften, nahm Käthe Paulus oft als Zuschauerin oder Ehrengast an Flugtagen oder Flugschauen teil. Großzügig spendete sie persönliche Erinnerungstücke wie ihre Sprungkleidung, ihre Ballongondel oder ihren Doppelfallschirm der „Deutschen Luftfahrtsammlung", die 1932 auf dem Flugplatz Johannisthal eingerichtet wurde.
Käthe Paulus starb am 26. Juli 1935 nach längerem Krebsleiden im Alter von 66 Jahren in Berlin. Am Tag ihrer Beerdigung, Mittwoch, 31. Juli 1935, auf dem Friedhof der Dankes-Gemeinde in Reinickendorf herrschte schlechtes Wetter. Bei ihrer Auftritten hatte Käthe – wie erwähnt – bis zu 20.000 Zuschauer/innen an einem Nachmittag angelockt. Aber zu ihrem Begräbnis kamen nur auffällig wenige Menschen. Ihre Mutter Maria, ihr Sohn Wilhelm Hermann und ihr Lebensgefährte Hermann Lattemann waren bereits tot. Aber an der Beerdigung von Käthe Paulus nahmen die berühmten deutschen Fliegerinnen Elly Beinhorn (1907–2007) und Hanna Reitsch (1912–1979) teil. Ein Vertreter der aufstrebenden Luftverkehrsstadt Frankfurt am Main überbrachte einen letzten Gruß aus ihrer alten Heimat.

Elly Beinhorn war die erste Frau, die alle fünf Erdteile mit dem Flugzeug überflog und gehörte zu den berühmtesten Fliegerinnen der Welt. Während ihres legendenumwobenen Lebens erlebte sie die sportlichen Anfänge der Fliegerei mit und prägte sie. Ihr guter Ruf basiert auf zahlreichen fliegerischen Meisterleistungen.

Hanna Reitsch gilt heute noch als eine der besten, berühmtesten und erfolgreichsten Fliegerinnen der Welt. Ihr Ruf als Pilotin von Weltklasse beruht auf mehr als 40 Rekorden aller Klassen und Flugzeugtypen. Unter anderem wurde sie der erste weibliche Flugkapitän, flog als erste Frau einen Hubschrauber und unternahm den ersten Hubschrauberflug in einer Halle.

Elly Beinhorn schrieb später über die Beerdigung von Käthe Paulus, sie habe diese nicht persönlich gekannt. Aber als sie damals von deren Tod hörte, sei sie zur Beerdigung auf den Friedhof gegangen aus dem Gefühl heraus, dass Käthe „doch in der Entwicklung der Fliegerei eine irgendwie bedeutende Rolle gespielt hat". Gemeinsam mit Hanna Reitsch legte Elly Beinhorn einen Kranz nieder.

In ihrem Geburtsort Zellhausen erinnern die Käthe-Paulus-Grundschule und die Käthe-Paulus-Straße an die Luftfahrtpionierin. Eine Käthe-Paulus-Straße gibt es auch in Berlin-Moabit, Frankfurt am Main im Rebstock, einem ehemaligen Flughafen, Hildesheim, Sarstedt (Niedersachsen), Eschborn bei Frankfurt und in Köln auf dem Gelände des ehemaligen Flugplatzes Butzweilerhof.

Sophie Blanchard (1778–1819)
Bild: Reproduktion eines Kupferstiches von Jules Porreau
aus dem Jahre 1859, der nach ihrem Tod entstand

Frauen in der Luftfahrt

4. Juni 1784: Die französische Opernsängerin Elisabeth Thible, nach anderer Schreibweise auch Tible, fliegt in Lyon als erste Frau in einem Heißluftballon (Montgolfière) mit.

10. November 1798: Die Französin Jeanne Labrosse (1775–1845), die Ehefrau des Luftakrobaten André-Jacques Garnerin (1769–1823), unternimmt als erste Frau selbstständig einen Flug in einem Ballon.

12. Oktober 1799: Jeanne Labrosse wagt als erste Frau der Welt aus einer Höhe von rund 900 Metern einen Fallschirmsprung.

7. Juli 1819: Die erste professionelle Luftschifferin Frankreichs, Madeleine Sophie Blanchard (1778–1819), kommt in Paris bei einer Ballonfahrt als erste Frau beim Fliegen ums Leben.

Um 1850: Die französische Fallschirmspringerin Rosalie Poitevin (1819–1908) stellt in Parma (Italien) mit einem Sprung aus rund 2.000 Metern einen Frauenrekord auf, der erst 1931 von der Deutschen Lola Schröter (1906–1953) überboten wird.

4. Juli 1880: Mary Hawley Myers (1849–1932) unternimmt in Little Falls (New York) als erste Amerikanerin einen Alleinflug mit einem Ballon.

19. Juli 1893: Käthe Paulus (1868–1935) unternimmt in Nürnberg (Bayern) zusammen mit ihrem Verlobten Hermann Lattemann (1852–1894) ihren ersten Ballonflug. Sie gilt als erste Luftschifferin in Deutschland.

1893: Die Luftschifferin Käthe Paulus wird in Elberfeld bei Wuppertal die erste deutsche Fallschirmspringerin.

9. Juli 1903: Die Amerikanerin Aida de Acosta (1884–1962) unternimmt in Paris als erste Frau einen Alleinflug in einem lenkbaren Luftschiff.

1906: Die Amerikanerin E. Lillian Todd (1865–1937) entwirft und baut als erste Frau ein Flugzeug, das allerdings nie fliegt.

8. Juli 1908: Die französische Bildhauerin Thérèsè Peltier (1873–1926) unternimmt in Turin (Italien) an Bord eines Doppeldeckers zusammen mit dem französischen Piloten Léon Delagrange (1873–1910) den ersten Flug mit einem weiblichen Passagier.

7. Oktober 1908: Edith Berg fliegt als erste Amerikanerin in Le Mans (Frankreich) in einem Flugzeug mit. Sie ist eine Passagierin des amerikanischen Luftpioniers Wilbur Wright (1867–1912) und die Ehefrau von Hart O. Berg, des europäischen Agenten von Wright.

26. Oktober 1909: Die Französin Marie Marvingt (1875–1963) fliegt als erste Frau mit einem Ballon von Frankreich nach England.

8. März 1910: Die französische Schauspielerin Raymonde de Laroche (1844–1919) wird die erste Pilotin der Welt.

9. April 1910: Hélène Dutrieu (1877–1961) wird die erste Pilotin in Belgien.

19. April 1910: Hélène Dutrieu fliegt als erste Frau der Welt einen Passagier.

Sommer 1910: Hilda Hewlett (1864–1943) wird Mitbegründerin der ersten Flugschule in England.

2. September 1910 (oder 6. September oder Mitte Oktober): Blanche Stuart Scott (1889–1970) wird angeblich die erste amerikanische Pilotin. Ihr Flug wird von der „Aeronautical Society of America" nicht anerkannt, weil er zufällig erfolgt.

16. September 1910: Bessica Medlar Raiche (1875–1932) wird angeblich die erste amerikanische Pilotin.

8. November 1910: Marie Marvingt wird die dritte Frau mit Pilotenlizenz in Frankreich.

1. August 1911: Harriet Quimby (1875–1912) wird die erste Amerikanerin mit Pilotenlizenz.

10. August 1911 (4. September 1911) : Lidija Swerewa (1890–1916) wird die erste Pilotin in Russland.

17. August 1911: Matilde Moissant (1878–1964) wird die zweite Amerikanerin mit Pilotenlizenz.

29. August 1911: Hilda Hewlett wird erste Britin mit Pilotenlizenz.

4. September 1911: Harriet Quimby unternimmt als erste Frau einen Nachtflug.

13. September 1911: Melli Beese-Boutard (1886–1925) legt als erste Deutsche die Pilotenprüfung ab.

10. Oktober 1911: Beatrix de Rijk (1883–1958) wird eine der ersten Pilotinnen in Holland.

Dezember 1911: Die Amerikanerinnen Harriet Quimby und Matilde Moisant (1878–1964) unternehmen als erste Pilotinnen einen Flug über Mexiko.

16. April 1912: Harriet Quimby überfliegt als erster weiblicher Pilot den Ärmelkanal (Englischer Kanal).

Juli 1912: Lilly Steinschneider (1891–1975) wird die erste Pilotin in Österreich-Ungarn.

2. September 1912: Die Französin Jeanne Pallier (1871–1939) fliegt bei ihrer Pilotenprüfung als erste Frau über Paris.

1912: Die Pilotin Ruth Law (1887–1970) fliegt als zweite Amerikanerin bei Nacht.

21. November 1912: Die russische Pilotin Ljuba Galanschikoff (1884–1968) stellt einen Höhenweltrekord für Frauen auf. Sie

erreicht mit einem geliehenen Fokker-Eindecker eine Höhe
von 2.000 Metern.

5. Januar 1913: Rosina Ferrario (1888–1959) erhält als erste
Pilotin in Italien vor dem Ersten Weltkrieg eine Fluglizenz.

31. Juli 1913: Die amerikanische Pilotin Alys McKey („Tiny")
Bryant (1880–1954) unternimmt in Vancouver den ersten Flug
einer Frau in Kanada. Ihre Flüge in Kanada waren Teil des
Unterhaltungsprogramms für den Prinzen von Wales und den
Herzog von York, die Vancouver und Victoria besuchen.

20. August 1913: Ljuba Galanschikoff unternimmt zusammen
mit dem Piloten Léon Letort (1888–1913) den ersten Flug
innerhalb eines Tages von Berlin nach Paris.

September 1913: Katherine Stinson (1891–1977) betätigt sich
in Montana als erste Luftpostpilotin der USA.

1913: Hélène Dutrieu wird erstes weibliches Mitglied der
„Pariser Luftwache" und schützt die französische Hauptstadt
im Ersten Weltkrieg (1914–1918) vor Angriffen deutscher
Flugzeuge und Militärluftschiffe.

19. Mai 1914: Die russische Pilotin Lydija Swerewa (1890–
1916) fliegt in Riga (Litauen) als erste Frau einen Looping
(Kunstflugfigur in senkrechter Kreisbahn).

6. Juni 1914: Else Haugk (1889–1973) wird die erste Pilotin
der Schweiz.

1914: Prinzessin Eugenie Michailowna Shakhovskaya (1889–1920) wird die erste russische Militärpilotin. Sie unternimmt als Fähnrich im Dienste des Zaren etliche Aufklärungsflüge.

1915: Die Schwestern Marjorie Stinson (1896–1975 und Katherine Stinson (1891–1977) betreiben mit ihrer Mutter Emma Beaver Stinson in Texas die erste von Frauen geleitete Flugschule.

17. Januar 1915: Ruth Law (1887–1970 wagt in Daytona Beach (Florida) als erste amerikanische Pilotin einen Looping. Ihrer Landsmännin Katherine Stinson glückt dieses Kunststück am 18. Juli 1915 über dem Flugplatz „Cicero Field" in Chicago.

1915: Nahdeshda Degtera, deren Geburts- und Todesdatum unbekannt sind, ist die erste russische Pilotin, die bei einem Kampfeinsatz im Ersten Weltkrieg verwundet wird.

1916: Die Deutsche Käthe Paulus erfindet den zusammenlegbaren Fallschirm.

12. Juli 1919: Raymonde de Laroche stellt einen Höhenrekord für Frauen auf (4.800 Meter).

1919: Ruth Law befördert als erster Flieger Luftpost zu den Philippinen.

30. Mai 1920: Elsa Andersson (1897–1922) wird die erste schwedische Pilotin.

15. August 1920: Die amerikanische Pilotin Laura Bromwell (1899–1920) fliegt 87 Loopings und schafft damit einen Weltrekord.

1. April 1921: Die französische Pilotin Adrienne Bolland (1896–1975) fliegt als erste Frau über die Anden.

Mai 1921: Laura Bromwell fliegt 199 Loopings und stellt damit einen neuen Weltrekord auf.

15. Juni 1921: Die schwarze Amerikanerin Bessie Coleman (1893–1926) erhält in Frankreich ihre Fluglizenz und wird die erste afro-amerikanische Pilotin.

2. Oktober 1921: Elsa Andersson ist nach einem Absprung in Kristianstad die erste schwedische Fallschirmspringerin.

8. April 1922: Teresa de Marzo (1903–1986) wird die erste Pilotin in Brasilien.

1922: Tadashi Hyodo (1899–1980) wird die erste Pilotin in Japan.

3. September 1922: Bessie Coleman unternimmt den ersten öffentlichen Flug einer afro-amerikanischen Pilotin in den USA. Dabei springt der farbige Stuntman Hubert Fauntleroy Julian mit einem Fallschirm ab.

Oktober 1922: Lillian Gatlin aus Santa Ana (Kalifornien) wird die erste Passagierin bei einem Flug über Amerika. Sie reist von San Francisco (Kalifornien) nach Mineola (New York).

Der 2.680 Meilen-Nonstop-Flug dauert 27 Stunden 11 Minuten.

1925: Thea Rasche (1899–1971) wird erste Deutsche mit Kunstflugschein.

1925: Kwon Ki-ok (1901–1988) wird die erste Pilotin aus Korea.

1925: Lady Mary Heath (1896–1939) erhält als erste Frau in Großbritannien eine kommerzielle Fluglizenz.

28. März 1927: Millicent Maude Bryant (1878–1927) wird die erste Pilotin in Australien.

Mai 1927: Lady Mary Heath stellt mit 17.000 Fuß (umgerechnet 5.100 Meter) einen Höhen-Weltrekord für Leichtflugzeuge auf.

Ende August 1927: Prinzessin Anne Löwenstein-Wertheim (1864–1927) scheitert beim Versuch einer Atlantiküberquerung von England nach Amerika und kommt dabei ums Leben.

September 1927: Elinor Smith wird im Alter von 16 Jahren die damals jüngste Pilotin der USA.

Oktober 1927: Die Amerikanerin Ruth Elder (1902–1977) scheitert beim Versuch einer Atlantiküberquerung von England nach Amerika.

1927: Phoebe Fairgrave Omlie (1902–1975) wird die erste von der „Civil Aeronautics Administration" („CAA") zugelassene Flugzeugmechanikerin der USA.

1927: Lady Mary Heath unternimmt als erste Frau einen Alleinflug von Südafrika nach England.

1927: Die irische Pilotin Mary Bayley (1890–1960) fliegt als erste Frau über die Irische See.

Januar 1928: Ruth Rowland Nichols (1901–1960) unternimmt zusammen mit dem Piloten Harry Rogers den ersten Nonstop-Flug von New York nach Miami (Florida).

17. und 18. Juni 1928: Die amerikanische Fliegerin Amelia Earhart (1897–1937) fliegt zusammen mit dem Piloten Wilmer Stultz (1899–1929) und dem Mechaniker Louis Gordon von New York nach Paris. Sie ist die erste Frau, die an Bord eines Flugzeuges den Atlantik überquert.

27. Juli 1928. Lady Mary Heath fliegt als erste Frau der Welt ein Passagierflugzeug. Der Start erfolgt in Amsterdam (Niederlande), die Landung in Croydon (Großbritannien).

1928: Maryse Bastié (1898–1952) erwirbt als erste Französin den Führerschein für Passagierflugzeuge.

1928: Die deutsche Pilotin Marga von Etzdorf (1907–1933) wird erste Kopilotin der „Deutschen Luft Hansa" (damalige Schreibweise).

1928: Die irische Pilotin Mary Heath fliegt als erste Frau allein vom „Kap der Guten Hoffnung" (Südafrika) nach Kairo (Ägypten).

1928: Die amerikanische Pilotin Phoebe Fairgrave Omlie fliegt als erste Frau mit einem Leichtflugzeug über die Rocky Mountains.

Oktober 1928: Die deutsche Pilotin Erika Naumann stellt zusammen mit dem schweizerischen Fliegerhauptmann Wirth bei einem Flug von Böblingen (Süddeutschland) nach Wilna (Litauen) einen Weltrekord auf. Die Flugstrecke beträgt 1.305 Kilometer.

17. Dezember 1928: Die amerikanische Pilotin Marjorie Stinson wird bei der Gründungsversammlung der „Early Birds" in Chicago das erste weibliche Mitglied. Bedingung für die Aufnahme bei den „Early Birds" ist für Amerikaner, dass sie bereits vor dem Eintritt der USA in den Ersten Weltkrieg am 17. Dezember 1916 erstmals allein geflogen sind. Für Piloten aus Europa gilt der 4. August 1914 als Stichtag für die Aufnahme bei den „Early Birds".

1928/1929: Mary Bailey (1890–1960) fliegt als erste Frau allein von England nach Südafrika und wieder zurück. Hinflug vom 9. März bis 30. April 1928, Rückflug vom September 1928 bis 16. Januar 1929.

2. Januar 1929: Evelyn („Bobby") Trout unternimmt in Los Angeles (Kalifornien) als erste Frau einen Ganze-Nacht-Flug, der 12 Stunden 11 Minuten dauert.

1929: Florence „Pancho" Barnes" (1901–1975) wird die erste amerikanische Stuntpilotin. Sie wirkt in dem Film „Hells Angels" mit, der 1929 in die Kinos kommt.

1929: Phoebe Fairgrave Omlie wird die erste amerikanische Transportpilotin.

1929: Ilse Esser (1898–1994) promoviert als erste Deutsche in Luftfahrttechnik.

August 1929: Die britische Reporterin Grace Marguerite Hay Drummond-Hay (1895–1946) fliegt als erste Frau mit einem Luftschiff um die Welt. Der Flug erfolgt im deutschen Luftschiff „LZ-127 Zeppelin".

18. bis 26. August 1929: Die amerikanische Pilotin Louise Thaden (1905–1979) gewinnt das erste „Cleveland Women's Air Derby", den ersten Überlandflug-Wettbewerb für Pilotinnen, der scherzhaft als „Powder-Puff-Derby" bezeichnet wird. Der Start erfolgt in Santa Monica (Kalifornien), Ziel ist Cleveland (Ohio), gesamte Flugstrecke mehr als 2.700 Meilen (rund 4.500 Kilometer). Zweite wird Gladys O'Donnel, Dritte Amelia Earhart. Beim legendären „Powder-Puff-Derby" gehen insgesamt 20 Pilotinnen an den Start, von denen 18 aus den USA stammen: Florence („Pancho") Barnes, Marvel Crosson, Amelia Earhart, Ruth Elder, Claire Fahy, Edith Foltz, Mary Haizlip, Jessie Keith-Miller (Australien), Opal Kunz, Ruth Nichols, Gladys O'Donnell, Phoebe Omlie, Neva Paris, Margaret Penny, Thea Rasche (Deutschland), Louise Thaden, Bobbi Trout, Mary von Mach und Vera Dawn Walker. Davon erreichen 13 Frauen das Ziel. Den scherzhaften Begriff

„Powder-Puff-Derby" („Puderquastenrennen") hat der Komiker Will Rogers (1879–1935) geprägt. Er beruht auf dem Kosmetik-Utensil, mit dem sich die Pilotinnen nach den Landungen puderten.

2. November 1929: Amelia Earhart gründet zusammen mit vier anderen bekannten Pilotinnen auf dem Flugplatz „Curtiss Field" in Valley Stream, Long Island (New York), den „Club der Neunundneunzig" („Ninety Nines"), der die Stellung der Frauen in der Luftfahrt stärken soll. Einen solchen Club hatte Clara Trenckman Studer, eine flugbegeisterte Assistentin und Helferin ohne Pilotenschein, angeregt. Die Einladung zur Gründungsversammlung war am 9. Oktober 1929 an 117 Pilotinnen in den USA verschickt und von Fay Gillis, Margorie Brown, Frances Harrel und Neva Paris unterzeichnet worden. Zur Gründungsversammlung kommen 26 Pilotinnen nach Valley Stream, nur vier davon mit dem Flugzeug, die anderen wegen schlechten Wetters mit dem Zug. Ein zweites Treffen erfolgt am 14. Dezember 1929 in New York City. Dabei macht Jean Davis Hoyt (gestorben 1988) den Vorschlag, den Club nach der Zahl der Frauen in den USA zu benennen, die einen Pilotenschein besitzen und Interesse an der Gründung des Clubs zeigen. Neva Paris soll die Wahl einer Präsidentin koordinieren, doch sie kommt Anfang 1930 bei einem Flugzeugabsturz ums Leben. Louise Thaden fungiert als „provisorische Präsidentin" des Clubs. Bald gehörten 99 Fliegerinnen zum Club und dessen Name steht fest. 1931 wird Amelia Earhart zur Präsidentin gewählt und bleibt dies bis 1933. „Ninety Nines" behauptet sich bis heute und zählt derzeit weltweit mehr als 20.000 Mitglieder.

November 1929: Die amerikanischen Pilotinnen Evelyn („Bobby") Trout (1906–2003) und Elinor Smith (geboren 1911) unternehmen den ersten Frauenflug mit Luftbetankung.

Dezember 1929: Amy Johnson (1903–1941) wird die erste Flugzeugmechanikerin in Großbritannien.

5. bis 24. Mai 1930: Die britische Pilotin Amy Johnson-Mollisson (1903–1941) fliegt als erste Frau allein von England nach Australien.

1930: Die britische Fliegerin Beryl Markham (1902–1986) wird die erste Berufspilotin Afrikas.

1930: Anne Morrow Lindbergh (1906–2001) wird die erste Segelfliegerin der USA.

6. März 1931: Ruth Rowland Nichols stellt mit 8.760,9 Metern einen Höhen-Weltrekord für Frauen auf.

13. April 1931: Ruth Rowland Nichols stellt mit 339,1 Stundenkilometern einen Geschwindigkeits-Weltrekord für Frauen auf.

1931: Leyla Mammadbeyova (1909–1989) wird die erste Pilotin in Aserbaidschan.

Juni 1931: Ruth Rowland Nichols scheitert beim Atlantiküberflug.

18. bis 29. August 1931: Die deutsche Pilotin Marga von Etzdorf (1907–1933) fliegt allein von Berlin nach Tokio.

1931: Pauline Mary Gower (1910–1947) betreibt den ersten Lufttaxidienst in Großbritannien.

1931: Die deutsche Pilotin Vera von Bissing (1906–2002) beherrscht als einzige Frau den Looping nach vorn.

1931: Die deutsche Fallschirmspringerin Lola Schröter (1906–1953) stellt mit einem Sprung aus 6.000 Metern Höhe einen Frauenrekord auf.

Oktober 1931: Hazel Ying Lee (1912–1944) erhält als eine der ersten chinesisch-amerikanischen Frauen eine Fluglizenz.

4. Dezember 1931: Die deutsche Fliegerin Elly Beinhorn (1907–2007) startet zu einem erfolgreichen Weltflug. Sie ist die erste Frau, die alle fünf Erdteile mit dem Flugzeug überfliegt.

26. Dezember 1931: Die australische Pilotin Maude Rose „Lores" Bonney (1897–1994) unternimmt den längsten Ein-Tages-Flug einer Frau von Brisbane nach Wangaratta (1.600 Kilometer).

20. Mai 1932: Die amerikanische Fliegerin Amelia Earhart fliegt mit einem einmotorigen Flugzeug als erste Frau über den Atlantik. Sie startet in Harbor Grace (Neufundland) und landet unweit von Londonderry (Nordirland).

Mai 1932: Die deutsche Schauspielerin und Pilotin Antonie Strassmann (1901–1952) fliegt an Bord des Flugschiffes „Do-X" von den USA nach Deutschland. Sie ist die erste Europäerin, die als fliegender Passagier den Atlantik überquert.

August/September 1932: Maude Rose „Lores" Bonney fliegt als erste Frau um Australien.

5. September 1932: Die amerikanische Pilotin Mary Haizlip (1910–1997) stellt in Cleveland (Ohio) mit 405,92 Stundenkilometern einen Geschwindigkeitsrekord für Frauen auf.

1932: Die Chinesin Katherine Cheung (1904–2003) wird die erste Asiatin mit Pilotenlizenz in den USA.

1932: Ruthy Tu (gestorben 1969) wird die erste Pilotin in der Chinesischen Armee.

1932: Die deutsche Pilotin Rosl Richter und ihr Ehemann unternehmen mit einem Leichtflugzeug einen Weltflug.

1932: Der Fallschirmspringerin Lola Schröter gelingt ein Rekordsprung aus 7.300 Metern Höhe.

1932: Luise Hoffmann (1910–1935) wird erste Werkspilotin in Deutschland.

1932: Phoebe Fairgrave Omlie wird die erste Regierungsbeamtin für Luftfahrt in den USA.

1932: Fay Gillis Wells (1908–2002) fliegt als erste Amerikanerin ein sowjetisches Zivilflugzeug.

10. bis 21. April 1933: Maude Rose „Lores" Bonney fliegt mit einer Maschine des Typs „Gipsy Moth" namens „My little Ship" als erste Frau von Australien nach England (Start in Brisbane, Landung in London. Flugstrecke rund 20.000 Kilometer).

1933: Freda Thompson (1909–1980) wird die erste Fluglehrerin in Australien.

1934: Die Französin Maryse Bastie (1898–1952) fliegt als erste Frau von Paris nach Tokio und zurück.

28. Januar bis 25. April 1934: Die Amerikanerin Laura Ingalls (1901–1967) unternimmt als erste Frau einen Alleinflug von Nordamerika nach Südamerika.

21. März 1934: Laura Ingalls fliegt als erste Amerikanerin über die Anden.

Mai 1934: Die Neuseeländerin Jean Batten (1909–1982) unternimmt als erste Frau einen Flug von England nach Australien und zurück.

28. September bis 6. November 1934: Die australische Pilotin Freda Thompson unternimmt den ersten Alleinflug einer Frau von England nach Australien. Während dieser 39 Tage langen Flugreise muss sie 20 Tage auf ein Ersatzteil warten.

23. Oktober 1934: Die amerikanische Ballonfahrerin Jeannette Piccard (1895–1981) fliegt als erste Frau in die Stratosphäre: Sie steigt zusammen mit ihrem Ehemann Jean-Felix Picard (1884–1963) über dem Erisee in eine Höhe von 17.550 Metern auf.

31. Dezember 1934: Die Amerikanerin Helen Richey (1909–1947) wird die erste Pilotin bei einer planmäßigen Airline („Central Airlines").

Anfang 1935: Der amerikanischen Fliegerin Amelia Earhart glückt der erste Flug von Hawaii zum amerikanischen Festland. Diese Route ist länger als die Strecke von den USA nach Europa.

April 1935: Liesel Zangenmeister stellt in Rossitten (Ostpreußen) mit 12 Stunden 57 Minuten einen Dauer-Weltrekord im Segelflug auf.

1935: Amelia Earhart unternimmt als Erste einen Alleinflug von Los Angeles (Kalifornien) nach Mexico City (Mexiko), Flugzeit 13 Stunden 23 Minuten.

1935: Amelia Earhart unternimmt als Erste einen Alleinflug von Mexico City nach Newark, Flugzeit 14 Stunden 19 Minuten.

Ende 1935: Jean Batten fliegt als erste Frau von England nach Südamerika (Brasilien), Flugstrecke rund 5.000 Meilen (umgerechnet 8.000 Kilometer), Flugzeit 61 Stunden 15 Minuten

1936: Katarina Matanovic-Kulenovic (1913–2003) wird die erste kroatische Pilotin.

4. September 1936: Louise Thaden (1905–1979) und Blanche Noyes (1900–1981) besiegen als erste Frauen bei einem Flugwettrennen („Bendix Trophy Race") männliche Piloten. Sie fliegen sie von New York City nach Los Angeles in 14 Stunden 55 Minuten und stellen damit einen Weltrekord auf.

4./5. September 1936: Die englische Pilotin Beryl Markham (1902–1986) fliegt als erste Frau allein von London (England) über den Atlantik nach Nova Scotia (Kanada).

1936: Jean Batten fliegt als erste Frau über den Südatlantik.

1936: Laura Ingalls fliegt als erste Frau nonstop von der Ostküste zur Westküste der USA.

März 1937: Jean Burns wird im Alter von 17 Jahren die jüngste Pilotin in Australien.

17. Mai 1937: Die deutsche Fliegerin Hanna Reitsch (1912–1979) wird als erste Frau der Welt ehrenhalber zum Flugkapitän ernannt. Dieser Titel war sonst Flugzeugführern der „Deutschen Lufthansa" vorbehalten.

Mai 1937: Hanna Reitsch überquert als erste Pilotin der Welt im Segelflug die Alpen.

Juni 1937: Die deutsche Pilotin Eva Schmidt (1914–1945) erreicht eine Weltbestleistung im Segelflug-Streckenflug für

Frauen vom Hornberg (Schwäbische Alb) nach Plauen im Vogtland (Sachsen) und einen Dauerflug-Rekord von 14 Stunden.

Juni 1937: Inge Wetzel stellt in Rossitten (Ostpreußen) mit 18 1/2 Stunden einen Segelflug-Weltrekord im Dauerflug auf, wird aber bereits im Juli 1937 von Feodora Schmidt übertroffen.

1937: Amelia Earhart fliegt – im Rahmen ihrer Erdumrundung – als Erste vom Roten Meer nach Indien.

2. Juli 1937: Amelia Earhart und ihr Navigator Fred Noonan (1893–1937) kehren von ihrer geplanten spektakulären Erdumrundung nicht mehr zurück. Um das ungeklärte Verschwinden der Beiden im Pazifik ranken sich zahlreiche Legenden.

4. Juli 1937: Hanna Reitsch fliegt in Bremen als erste Frau einen Hubschrauber.

1937: Maude Rose „Lores" Bonney fliegt als erste Frau allein von Australien (Brisbane) nach Südafrika (Kapstadt), Flugstrecke 29.088 Kilometer.

1937: Sabiha Gökcen (1913–2001) wird die erste Kampfpilotin der Türkei. Sie fliegt Kampfeinsätze in Thrakien und in der Ägäis.

1937: Die deutsche Fliegerin Melitta Schenk Gräfin von Stauffenberg (1903–1945), geborene Melitta Schiller, besitzt als einzige Frau Deutschlands alle Flugzeugführerscheine für sämtliche Klassen von Motorflugzeugen und Segelflugzeugen sowie den Kunstflugschein.

1937: Die Argentinierin Susanna Ferrari Billinghurst (1914– 1999) erwirbt als erste Frau in Südamerika einen kommerziellen Pilotenschein.

1937: Die russischen Pilotinnen Marina Raskowa (1912–1943) und Walentina Stepanowna Grisodubowa (1910–1993) stellen mit einem Nonstop-Flug über 1.443 Kilometer einen Frauenweltrekord auf.

1937: Die amerikanische Fliegerin Jacqueline Cochran (1906– 1980) macht als erste Frau einen Blindflug (Instrumentenlandung).

28. Oktober 1937: Melitta Schenk Gräfin von Stauffenberg erhält – nach Hanna Reitsch – als zweite Frau der Welt den Titel „Flugkapitän".

Frühjahr 1938: Hanna Reitsch, die erste Frau mit Helikopter-Lizenz, unternimmt in der riesigen Berliner Deutschlandhalle mit einem Hubschrauber den ersten Hallenflug der Welt.

2. Juli 1938: Den russischen Pilotinnen Walentina Stepanowna Grisodubowa (1910–1993), Wera Lomako (geboren 1913), Polina Ossipenko (1907–1939) und Marina Raskowa (1912– 1943) gelingt ein Weltrekord-Fernflug für Frauen von Sewastopol nach Archangelsk über eien Flugstrecke von 2.416 Kilometern.

24./25. September 1938: Marina Raskowa, Walentina Stepanowna Grisodubowa und Polina Ossipenko stellen mit einem 5.908,610 Kilometer langen Fernflug von Moskau nach Kerbi unweit des Ochotskischen Meeres einen Weltrekord für Frauen auf. Am 2. November 1938 erhalten sie für diesen Weltrekord-Fernflug als erste Frauen der sowjetischen Geschichte den Titel „Held der Sowjetunion".

1939: Willa Brown Chappell (1906–1992) wird die erste Afro-amerikanerin mit kommerzieller Pilotenlizenz in den USA

1939/1940: Beate Köstlin (1919–2001), später Beate Uhse, wirkt als erste deutsche Stuntpilotin in den Filmen „D III 88" (1939) und „Achtung, Feind hört mit" (1940) mit.

1. Juli 1941: Die Amerikanerin Jacqueline Cochran überführt als erste Frau einen Bomber über den Atlantik.

Ab 1941: Marina Raskowa und sechs andere weibliche Offiziere organisieren drei nur aus Frauen bestehende sowjetische Fliegerregimenter. Am Ende der Ausbildung werden in Engels drei Regimenter aufgestellt: das 586. Jagdfliegerregiment mit „Jak-2"-Flugzeugen, das 587. Tagbomberregiment mit „Pe-2"-Flugzeugen und das mit „U-2"-Flugzeugen ausgerüstete 588. Nachtbomberregiment („Nachthexen"). Kommandantinnen des 586. Jagdflieger-regiments sind: Lydia Litvak, Raisa Belyayeva, Tamara Pamyatnykh, Raya Surnachevskaya, Marina Kuznetsova. Kommandantinnen des 587. Tagbomberregiments sind: Kladiya Fomicheva, Marina Raskowa, Nadeshda Fedutenko.

Kommandantinnen des 588. Nachtbomberregiments sind: Yevodokya Bershanskaya, Yevgeniya Zhigulenko, Tatyana Makorova, Yevdokia Nosal, Nina Ulynenko.

Oktober 1942: Hanna Reitsch fliegt in Augsburg bei „Messerschmitt" das erste Raketenflugzeug der Welt.

21. März 1943: Cornelia Clark Fort (1919–1943) stirbt bei der Überführung einer Maschine des Typs „BT-13A" als erste Pilotin im Dienst der US-Army, als sie über Merkel, Taylor County (Texas), mit einem anderen Flugzeug zusammenstößt. An sie erinnert der 1945 nach ihr benannte „Cornelia Fort Airport" in Nashville (Tennessee).

14. Okober 1944: Die Amerikanerin Ann G. Baumgartner Carl (1918–2008) ist die erste Frau in einem Turbojet-Kampfflieger.

1948: Betty Skelton Frankman Erde (1926–2011) wird die erste US-Meisterin in Luftakrobatik.

1949: Betty Skelton Frankman Erde stellt mit 7.853 Metern einen Höhenweltrekord für Frauen auf.

16. September 1950: Nancy Bird Walton (1915–2009) gründet die australische Pilotinnenorganisation „Australian Women Pilot's Association" („AWPA")

März 1951: Die deutsche Pilotin Liesel Bach (1905–1992) fliegt als erste Frau über den Himalaja.

1951: Betty Skelton Frankman Erde stellt mit 8.850 Metern einen weiteren Höhenweltrekord für Frauen auf.

April 1953: Iris Wittig (1928–1978) fliegt zusammen mit einem sowjetischen Instrukteur als einer der ersten Piloten in einer „MiG-15UTI", dem ersten Strahlflugzeug der „DDR".

4. Juni 1953: Die amerikanische Pilotin Jacqueline Cochran erreicht mit einem Düsenjäger des Typs „F-86 Sabre" eine Durchschnittsgeschwindigkeit von 1.042 Stundenkilometern und durchbricht dabei in Sturzflügen aus 14.000 Meter Höhe als erste Frau zwei Mal die Schallmauer.

August 1953: Die französische Fliegerin Jacqueline Auriol (1917–2000) durchbricht mit einem Düsenjäger des Typs „Mystère" mit einer Geschwindigkeit von 1.195 Stundenkilometern als erste Europäerin die Schallmauer (Mach1).

1960-er Jahre: Jerrie Cobb besteht als erste Amerikanerin alle drei Tests für das von Jacqueline Cochran finanzierte Programm „Mercury 13". Mit diesem privat finanzierten Programm, das nicht Teil der Astronautenrekrutierung der „NASA" ist, will man beim Wettrennen im Weltraum mit der ersten Frau im All der Sowjetunion zuvorkommen. Der Name des Projektes beruht darauf, dass von den insgesamt 20 getesteten Frauen 13 die Tests bestehen: außer Jerrie Cobb später auch Myrte Cagle, Jan Dietrich, Marion Dietrich, Wally Funk, Janey Hart, Jean Hixson, Gene Nora Stumbough, Irene Leverton, Bernice Steadman, Sarah Ratley, Jerri Truhill und Rhea Woltman. Jerry Cobb, Rhea Hurle und Wally Funk unterziehen sich in Oklahoma City noch weiteren Tests und einer psychologischen Bewertung. Wenige Tage, bevor einige Frauen sich erweiterten Tests in Pensacola (Florida) in der „Naval School of Aviation Medicine" mit Militärausrüstung und Jets unterziehen sollen, erhalten sie ein Telegramm, in dem der Abbruch des Projekts mitgeteilt wird. Die Navy ist nicht bereit, ihr Equipment für ein inoffizielles Projekt bereitzustellen. Im Mai 2007 verleiht die „University of Wisconsin-Oshkosh" den damals noch acht lebenden Frauen von „Mercury 13" Ehrendoktortitel für ihren „Pioniergeist und die Anstrengungen bei der Weiterentwicklung der Frauenrechte".

16. Juni 1963: Die russische Kosmonautin Walentina Tereschkowa startet in Baikonur (Kasachstan) an Bord des Raumschiffes „Wostock VI" als erste Frau ins Weltall. Sie umkreist 49 Mal die Erde, bevor sie am 19. Juni 1963 in Novosivbirsk landet.

26. August 1963: Diana Barnato Walker (1918–2008) durchbricht als erste Britin die Schallmauer.

19. März bis 17. April 1964: Geraldine „Jerry" Mock fliegt als erste Amerikanerin erfolgreich um die Welt. Vor ihr hatte dies 1931 schon die deutsche Fliegerin Elly Beinhorn getan. Weil der Weltflug von Elly Beinhorn in den USA nicht allgemein bekannt ist, wird Geraldine „Jerry Mock" dort oft irrtümlich als Frau erwähnt, die als Erste um die Welt geflogen sein soll.

Juni 1966: Berta Zeron (1924–2000) wird die erste Frau in Mexiko mit einem kommerziellen Pilotenschein.

1966: Die britische Pilotin Sheila Scott (1927–1988) fliegt 50.000 Kilometer in 189 Flugstunden.

1967: Ursula Bühler-Hedinger (1943–2009) wird die erste schweizerische Linienpilotin und Jetpilotin.

28. März 1967: Fiorenza de Bernardi wird die erste Airline-Pilotin in Italien (nach eigenen Angaben die fünfte der Welt) und im selben Jahr in ihrem Heimatland auch der erste weibliche Flugkapitän.

1969: Turi Wideroe wird der erste weibliche Luftver-kehrspilot bei einer großen Fluggesellschaft in Norwegen. Sie fliegt im Dienste der „Scandinavian Airlines Systems" („SAS").

28. Juni 1971: Die amerikanische Pilotin Louise Sacchi (1913–1997) stellt bei einem Flug von New York nach London innerhalb von 17 Stunden 10 Minuten einen Geschwin-digkeitsrekord auf.

1971: Sheila Scott fliegt bei einem Langstreckenflug über 50.000 Kilometer als erste Frau mit einem Leichtflugzeug über den Nordpol.

29. Januar 1973: Emily Howell Warner wird die erste Pilotin für eine kommerzielle Airline in den USA.

22. Februar 1974: Barbara Ann Rainey (1948–1982), geborene Barbara Ann Allen, wird die erste Marinepilotin der „United States Navy".

4. Juni 1974: Sally Murphy qualifiziert sich als erste Frau als Pilotin für die „United States Army".

1974: Die Italienerin Fiorenza di Bernardi wird die erste Gletscherpilotin der Welt.

1974: Die Amerikanerin Marry Barr wird die erste Pilotin in der Forstwirtschaft („United States Forest Service") der Vereinigten Staaten.

1974: Captain Leslie F. Kenne wird die erste Frau an der Testpilotenschule der US-Luftwaffe.

1974: Wally Funk wird die erste Inspektorin der Flugsicherung innerhalb der amerikanischen Verkehrsbehörde „National Transportation Safety Board" („NTSB") in Washington D.C. Die „NTSB" befasst sich mit der Aufklärung von Unglücksfällen im Transportwesen (Eisenbahnen, Luftfahrt, Schifffahrt, Pipelines und Autobahnen). Für die Luftfahrt entspricht der Aufgabenbereich der Bundesstelle für Flugunfalluntersuchung in Deutschland.

6. Juni 1976: Emily Howell Warner wird der erste weibliche Kapitän einer US-Airline.

Ende 1976: Die deutsche Pilotin Rita Maiburg (1951–1977) wird der erste und einzige weibliche Flugkapitän im regulären

Liniendienst der westlichen Welt. Die Bulgarin Maria Atanasova kommandiert damals eine düsengetriebene Frachtmaschine, die Engländerin Yvonne Sintes ist Captain bei einer britischen Chartergesellschaft

1976: Rosemary Bryant Mariner fliegt als erste Frau ein leichtes Kampfflugzeug.

1978: Rhea Seddon (geboren 1947), Kathryn Sullivan (geboren 1951), Judith A. Resnik (1949–1986), Sally Kristen Ride (geboren 1951), Anna Lee Fisher (geboren 1949) und Shannon Lucid (geboren 1942) werden als erste Frauen in das Astronautencorps der „NASA" aufgenommen.

11. April 1980: Eleanor Conn unternimmt mit ihrem Ehemann Sidney Conn die erste Ballonfahrt über den Nordpol.

2. Juli 1980: Die Amerikanerin Lynn Rippelmeyer fliegt als erste Frau einen Jumbo-Jet „Boeing 747".

3. Dezember 1980: Die Amerikanerin Janice Brown unternimmt in der Nähe von Marana (Arizona) mit einem kleinen Solarflugzeug namens „Solar Challenger" den ersten Langstrecken-Solarflug (Flugstrecke 6 Meilen, Flugzeit 22 Minuten).

1980: Deborah Jane Lawrie wird die erste Pilotin bei einer australischen Fluggesellschaft.

14. Februar 1981: Neta Snook (1896–1991) ist mit 85 Jahren die älteste Pilotin der USA.

11. März 1981: Die Amerikanerin Doris Grove stellt mit 1.127,68 Kilometern einen Segelflug-Weltrekord auf.

17. Dezember 1982: Die amerikanische Pilotin Mary Haizlip (1910–1997) wird als erste Frau in der Luft- und Raumfahrt in die „Oklahoma Aviation and Space Hall of Fame" aufgenommen.

18. Juni 1983: Die Astronautin Sally Kristen Ride fliegt als erste Amerikanerin im Weltall.

1983: Regula Eichenberger wird die erste Linienpilotin bei einer schweizerischen Airline („Crossair").

19. Juli 1984: Die amerikanische Pilotin Lynn Rippelmeyer fliegt als erster weiblicher Kapitän mit einer „Boeing 747" über den Atlantik. Der Start erfolgt in Newark, die Landung in London-Gatwick.

19. Juli 1984: Die amerikanische Pilotin Beverly Lynn Burns fliegt als erster weibliche Kapitän mit einer „Boeing 747" über die USA. Ihr historischer Flug mit einer Maschine der Fluggesellschaft „PEOPLExpress" führt von Newark nach Los Angeles.

25. Juli 1984: Die sowjetische Kosmonautin Swetlana Sawizkaja unternimmt als erste Frau einen Spaziergang im Weltall.

11. Oktober 1984: Die Astronautin Kathryn Dwyer Sullivan unternimmt als erste Amerikanerin einen Spaziergang im All.

14. Dezember 1986: Die amerikanische Astronautin Jeana Yeaeger startet zusammen mit Dick Rutan mit einem Voyager-Flugzeug zur ersten Nonstop-Weltraumumrundung ohne Auftanken und Zwischenlanden. Sie fliegen in 9 Tagen 3 Minuten 44 Sekunden eine Strecke von insgesamt 42.120 Kilometern.

1989: Gaby Kennard fliegt als erste Australierin mit einem Flugzeug des Typs „Piper Saratoga" namens „Gerty" in 99 Tagen allein um die Welt.

1990: Allana Arnot (geb. 1967) fliegt als erste Australierin mit einem Hubschrauber um die Welt.

1990: Rosemary Bryant Mariner wird die erste Kommandantin einer operativen Fliegerstaffel in den USA.

Winter 1990: Rosella Bjornsön wird der erste weibliche Kapitän für eine kommerzielle Fluggesellschaft in Kanada.

14. Mai 1992: Die amerikanische Astronautin Kathryn Thornton unternimmt den längsten Spaziergang im Weltall. Er dauert 7 Stunden 44 Minuten.

12. bis 20. September 1992: Carol Mae Jemison fliegt mit der Raumfähre „Endeauvour" als erste afro-amerikanische Astronautin im Weltall.

1. Oktober 1992: Die Amerikanerin Victoria („Vicki") von Meter (1982–2008) erregt als jüngste Fliegerin der Welt großes Aufsehen. Sie steuert als Zehnjährige erstmals ein Flugzeug,

25. März 1993: Die Britin Barbara Hamer ist die erste Frau, die – als Erster Offizier und Kopilotin – mit einem kommerziellen Überschallflugzeug fliegt. Dies geschieht bei einem Flug mit „British Airways" auf der „Concorde" von London nach New York City.

20. bis 23. September 1993: Vicki van Meter überfliegt im Alter von elf Jahren die USA – von Augusta (Maine) nach San Diego (Kalifornien).

1993: Sarah Deal wird erster weiblicher Pilot des „United States Marine Corps".

21. April 1994: Jackie Parker qualifiziert sich als erste Pilotin für das F-16-Kampfflugzeug.

4. bis 7. Juni 1994: Vicki van Meter überfliegt im Alter von zwölf Jahren den Atlantik.

12. Juli 1994: Die elfjährige Amerikanerin Katrina Mumaw wird das „schnellste Kind der Welt": Sie bricht zusammen mit einem russischen Piloten in einem „MiG-29"-Kampfjet die Schallmauer.

1994: Kara Hultgreen (1965–1994) wird die erste Kampfpilotin der US-Marine in einer „F-14 Tomcat".

3. Oktober 1994 bis 22. März 1995: Die Russin Elena Konda-kowa, nach anderer Schreibweise Yelena Vladimirovna Kondakova, unternimmt den ersten Dauerflug einer Frau im All.

3. bis 11. Februar 1995: Eileen Collins wird die erste amerikanische Raumfährenpilotin bzw. Shuttlepilotin.

1995: Martha McSally unternimmt bei der Operation „Southern Watch" als erste Pilotin der US-Luftwaffe (von Kuwait aus) Kontrollflüge in feindlichem Gebiet (Irak). Sie ist die erste Pilotin der „U.S. Air Force", die mit einem Militärflugzeug über Feindgebiet fliegt.

22. März bis 26. September 1996: Shannon Lucid wird mit einem 188 Tage langen Flug die Amerikanerin, die sich am längsten im Weltraum aufhält.

19. November 1997: Kalpana Chawla (1961–2003) unternimmt mit der amerikanischen Raumfähre „Columbia" als erste Inderin einen Flug im Weltall.

16. Dezember 1998: Kendra Williams, Leutnant bei der „United States Navy", bombardiert bei der Operation „Desert Fox" als erster weiblicher Kampfpilot der USA über dem Irak ein feindliches Ziel.

12. Januar 1999: Erstmals ist das Cockpit einer „Swissair"-Maschine ausschließlich mit Frauen besetzt: Kapitän Gabrielle Musy-Lüthi und Kopilotin Claudia Wehrli fliegen einen „Airbus A320" von Zürich-Kloten nach Paris.

23. bis 28. Juli 1999: Eileen Collins wird die erste Kommandantin einer amerikanischen Raumfähre („Space Shuttle").

Januar bis Mai 2001: Die Britin Polly Vacher unternimmt als erste Frau mit einem Kleinflugzeug („Piper PA-28 Cherokee Dakota G-FRGN") – über Australien – einen Flug um die Welt.

6. Mai 2003 bis 27. April 2004: Polly Vacher fliegt von Birmingham aus über den Nordpol, die Antarktis und alle Erdteile. Damit wird sie die erste Frau, die allein die Polarregionen überquert. Bei diesem Unternehmen fliegt sie auch innerhalb von 16 Stunden von Hawaii nach Kalifornien.

Um 2005: Hanadi Zakaria al-Hindi wird der erste weibliche Flugkapitän in Saudi-Arabien.

13. März 2006: Die amerikanische Pilotin Elizabeth A. Okoreeh-Baah fliegt als erste Frau ein senkrecht startendes „V-22 Osprey Tiltrotor"-Flugzeug.

2006: Nicole Malachowski wird als erste Frau bei den „Thunderbirds", einer Kunstflugstaffel der Luftstreitkräfte der USA, aufgenommen.

18. bis 29. September 2006: Die amerikanisch-iranische Multimillionärin Anoushe Ansari wird der erste weibliche Weltraumtourist, der erste weibliche Muslim und die erste Iranerin im Weltraum. Sie startet am 18. September 2006 mit einem Sojus-Raumschiff zur „Internationalen Raumstation" („ISS"), erreicht am 20. September die „ISS" und kehrt am 29. September 2006 mit „Sojus TMA-8" zur Erde zurück.

Literatur

HOCK, Sabine: Zum 75. Todestag von Kätchen Paulus (1868 –1935) am 26. 7. 2010. Sabine Hock, Freie Autorin und Journalistin. Tagespresse – Kätchen Paulus http://www.sabinehock.de/publikationen/tagespresse/archiv/tagespresse_183_a.html
LEINEMANN, Susanne: Käthe Paulus – die vergessene Königin der Lüfte. Berliner Morgenpost, Berlin, 26. Juli 2013 http://www.morgenpost.de/kolumne/berliner-schaetze/article118452216/Kaethe-Paulus-die-vergessene-Koenigin-der-Luefte.html
PROBST, Ernst: Königinnen der Lüfte von A bis Z. Biografien berühmter Fliegerinnen, Ballonfahrerinnen, Luftschifferinnen, Fallschirmspringerinnen und Astronautinnen, München 2010
RUHE, Alexander: 225 Jahre Luftfahrt in Deutschland / Frankfurt. Oktober 2010 http://www.fws-ffm.de/Luftfahrt%20Frankfurt2.htm
SCHMITT, Günter / SCHWIPPS, Werner: Pioniere der frühen Luftfahrt, Bindlach 1995
WIKIPEDIA (Online-Lexikon) Hermann Lattemann http://de.wikipedia.org/wiki/Hermann_Lattemann
WIKIPEDIA (Online-Lexikon) Käthe Paulus http://de.wikipedia.org/wiki/K%C3%A4the_Paulus
XITY: Die waghalsige Aeronautin Miss Polly. Mit kühnen Luftsprüngen beeindruckte sie Krefeld, Freitag, 20. 12. 2013 http://www.xity.de/nachrichten/die_waghalsige_aeronautin_miss_polly_id2684492.html

Autor Ernst Probst,
Foto: Klaus Benz, Fotograf, Mainz-Laubenheim

Der Autor

Ernst Probst, geboren am 20. Januar 1946 in Neunburg vorm Wald im bayerischen Regierungsbezirk Oberpfalz, ist Journalist und Wissenschaftsautor. Er arbeitete von 1968 bis 1971 als Redakteur bei den „Nürnberger Nachrichten", von 1971 bis 1973 in der Zentralredaktion des „Ring Nordbayerischer Tageszeitungen" in Bayreuth und von 1973 bis 2001 bei der „Allgemeinen Zeitung", Mainz. In seiner Freizeit schrieb er Artikel für die „Frankfurter Allgemeine Zeitung", „Süddeutsche Zeitung", „Die Welt", „Frankfurter Rundschau", „Neue Zürcher Zeitung", „Tages-Anzeiger", Zürich, „Salzburger Nachrichten", „Die Zeit", „Rheinischer Merkur", „Deutsches Allgemeines Sonntagsblatt", „bild der wissenschaft", „kosmos", „Deutsche Presse-Agentur" (dpa), „Associated Press" (AP) und den „Deutschen Forschungsdienst" (df). Aus seiner Feder stammen die Bücher „Deutschland in der Urzeit" (1986), „Deutschland in der Steinzeit" (1991), „Rekorde der Urzeit" (1992), „Dinosaurier in Deutschland" (1993 zusammen mit Raymund Windolf) und „Deutschland in der Bronzezeit" (1996). Von 1986 bis heute veröffentlichte Ernst Probst rund 300 Bücher, Taschenbücher und Broschüren sowie über 300 E-Books.

E-Books über „Königinnen der Lüfte"

Aida de Acosta. Erster Alleinflug mit einem lenkbaren Luftschiff
Elsa Andersson. Die erste Pilotin aus Schweden
Jacqueline Auriol. Sie durchbrach als erste Europäerin die Schallmauer
Liesel Bach. Deutschlands erfolgreichste Kunstfliegerin
Pancho Barnes. Amerikas erste Stuntpilotin
Maryse Bastié. Die Fliegerin, die acht Weltrekorde brach
Jean Batten. Neuseelands berühmteste Pilotin
Melli Beese. Die erste Deutsche mit Pilotenlizenz
Elly Beinhorn. Deutschlands Meisterfliegerin
Vera von Bissing. Eine Kunstfliegerin der 1930-er Jahre
Sophie Blanchard. Die erste professionelle Luftschifferin
Adrienne Bolland. Die erste Frau, die über die Anden flog
Hèléne Boucher. Die französische „Wunderfliegerin"
Kalpana Chawla. Die erste Inderin im Weltall
Jacqueline Cochran. Die „schnellste Frau der Welt"
Bessie Coleman. Die erste Afro-Amerikanerin mit Pilotenschein
Eileen Collins. Die erste Raumfähren-Pilotin
Hèléne Dutrieu. Die erste Pilotin in Belgien
Amelia Earhart. Die erste Frau, die zwei Mal über den Atlantik flog
Ruth Elder. Die erste Frau, die den Flug über den Atlantik wagte
Marga von Etzdorf. Die tragische deutsche Fliegerin
Elise Garnerin. Die „Venus im Ballon"
Sabiha Gökcen. Die erste türkische Pilotin

Frances Wilson Grayson. Tragischer Flug über den Atlantik
Hilda Hewlett. Die erste britische Fliegerin
Maryse Hilsz. Die Rekordfliegerin aus Frankreich
Luise Hoffmann. Die erste deutsche Einfliegerin
Kara Spears Hultgreen. Die erste „F-14 Tomcat"-
Kampfpilotin
Laura Ingalls. Die erste Amerikanerin, die über Südamerika
flog
Carol Mae Jemison. Die erste afro-amerikanische
Astronautin
Amy Johnson-Mollison. Englands erste
Flugzeugmechanikerin
Thea Knorr. Die erste Schleißheimer Fliegerin
Raymonde de Laroche. Die erste Pilotin der Welt
Ruth Law. Erste Luftpost für die Philippinen
Anne Morrow Lindbergh. Die erste Amerikanerin mit
Segelflugschein.
Anne Löwenstein-Wertheim. Die fliegende Prinzessin
Shannon Lucid. Der längste Raumflug einer Frau
Rita Maiburg. Einer der ersten weiblichen
Linienflugkapitäne
Beryl Markham. Die erste Berufspilotin in Ostafrika
Marie Marvingt. Die „Mutter der Luftambulanz"
Christa McAuliffe. Die amerikanische Nationalheldin
Victoria van Meter. Die jüngste Fliegerin der Welt
Jerry Mock. Im Alleinflug um die Erde
Mathilde Moisant. Eine frühe Fliegerin in den USA
Käthe Paulus. Deutschlands erste Luftschifferin
Thérèse Peltier. Die erste Flugzeugpassagierin
der Welt
Harriet Quimby. Die erste Amerikanerin mit Flugschein

Bessica Medlar Raiche. Eine der ersten Fliegerinnen
in den USA
Barbara Allen Rainey. Die erste Marinepilotin der USA
Thea Rasche. The Flying Fräulein
Marina Raskowa. Eine fliegende „Heldin der Sowjetunion"
Wilhelmine Reichard. Die erste Ballonfahrerin in
Deutschland
Hanna Reitsch. Die Pilotin der Weltklasse
Sally Kristen Ride. Die erste Amerikanerin im Weltall
Swetlana Sawizkaja. Die erste Spaziergängerin im Weltall
Melitta Schenk Gräfin von Stauffenberg. Heldin mit
Gewissensbissen
Katherine Stinson und Marjorie Stinson. Die fliegenden
Schwestern
Kathryn Dwyer Sullivan. Rekordspaziergängerin im Weltall
Walentina Tereschkowa. Die erste Frau im Kosmos
Élisabeth Thible. Die erste Passagierin einer Montgolfière
Kathryn Thornton. Berühmte Spaziergängerin im Weltall
Sabine Trube. Die deutsche Düsenjet-Kommandantin
Beate Uhse. Deutschlands erste Stuntpilotin
Nancy Bird Walton. Australiens erste und jüngste
Verkehrspilotin

Bestellungen bei: www.grin.com

Bücher von Ernst Probst

Cortes und Malinche. Der spanische Eroberer und seine
indianische Geliebte
Der Schwarze Peter. Ein Räuber im Hunsrück und
Odenwald
Elisabeth I. Tudor. Die jungfräuliche Königin
Julchen Blasius. Die Räuberbraut des Schinderhannes
Sieben berühmte Indianerinnen
Frauen im Weltall
Königinnen der Lüfte von A bis Z
Königinnen der Lüfte in Deutschland
Königinnen der Lüfte in Frankreich
Königinnen der Lüfte in Amerika
Christl-Marie Schultes. Die erste Fliegerin in Bayern
(zusammen mit Theo Lederer)
Sturzflüge für Deutschland. Kurzbiografie der Testpilotin
Melitta Schenk Gräfin von Stauffenberg (zusammen mit
Heiko Peter Melle)
Tony und Bruno Werntgen. Zwei Leben für die Luftfahrt
(zusammen mit Paul Wirtz)
Königinnen des Films 1. Biografien berühmter
Schauspielerinnen von Lucie Ball bis zu Sophia Loren
Königinnen des Films 2. Biografien berühmter
Schauspielerinnen von Anna Magnani bis zu Mae West
Königinnen des Tanzes
Königinnen des Theaters
Machbuba. Die Sklavin und der Fürst
Malende Superfrauen
Maria Stuart. Schottlands tragische Königin

Meine Worte sind wie die Sterne. Die Entstehung der Rede
des Häuptlings Seattle (zusammen mit Sonja Probst,
verheiratete Sonja Werner)
Pocahontas. Die Indianer-Prinzessin aus Virginia
Pompadour und Dubarry. Die Mätressen von Louis XV.
Zenobia von Palmyra. Eine Frau kämpft gegen die Römer
Superfrauen 1 – Geschichte
Superfrauen 2 – Religion
Superfrauen 3 – Politik
Superfrauen 4 – Wirtschaft und Verkehr
Superfrauen 5 – Wissenschaft
Superfrauen 6 – Medizin
Superfrauen 7 – Film und Theater
Superfrauen 8 – Literatur
Superfrauen 9 – Malerei und Fotografie
Superfrauen 10 – Musik und Tanz
Superfrauen 11 – Feminismus und Familie
Superfrauen 12 – Sport
Superfrauen 13 – Mode und Kosmetik
Superfrauen 14 – Medien und Astrologie
Superfrauen aus dem Wilden Westen
Rekorde der Urzeit. Landschaften, Pflanzen und Tiere
Rekorde der Urmenschen. Erfindungen, Kunst und Religion
Dinosaurier von A bis K
Dinosaurier von L bis Z
Archaeopteryx. Die Urvögel aus Bayern
Das Moustérien. Die große Zeit der Neanderthaler
Das Rätsel der Großsteingräber. Die nordwestdeutsche
Trichterbecher-Kultur
Die ersten Bauern in Deutschland (Die
Linienbandkeramische Kultur (5500 bis 4900 v. Chr.)

Der Ur-Rhein. Rheinhessen vor zehn Millionen Jahren
Der Rhein-Elefant. Das Schreckenstier von Eppelsheim
Höhlenlöwen. Raubkatzen im Eiszeitalter
Löwenfunde aus Deutschland, Österreich und der Schweiz
Der Mosbacher Löwe. Die riesige Raubkatze aus Wiesbaden
Säbelzahnkatzen. Von Machairodus bis zu Smilodon
Der Höhlenbär
Monstern auf der Spur. Wie die Sagen über Drachen, Riesen
und Einhörner entstanden
Affenmenschen. Von Bigfoot bis zum Yeti
Seeungeheuer. 100 Monster von A bis Z
Der Ball ist ein Sauhund. Weisheiten und Torheiten über
Fußball (zusammen mit Doris Probst)
Worte sind wie Waffen. Weisheiten und Torheiten über die
Medien (zusammen mit Doris Probst)
Schweigen ist nicht immer Gold. 500 Zitate von A bis Z
Weisheiten der Indianer

Bestellungen bei www.grin.com

BEI GRIN MACHT SICH IHR WISSEN BEZAHLT

- Wir veröffentlichen Ihre Hausarbeit, Bachelor- und Masterarbeit

- Ihr eigenes eBook und Buch - weltweit in allen wichtigen Shops

- Verdienen Sie an jedem Verkauf

Jetzt bei www.GRIN.com hochladen und kostenlos publizieren